Chapter 1

Sofia の Pizza

おんなのこ が Italy に います。その おんなのこ は Sofia です。Sofia は Poland に いきます。Poland が すき です。でも、Sofia は うれしくない です。Poland の Supermarket が すき じゃありません。Poland の Supermarket に おいしい Pizza が ありません！Sofia は America に いきます。Sofia は America が すき じゃありません。でも、America の Supermarket に おいしい Delicioso Pizza が あります。Sofia は うれしい です。

Zoon が ほしくない です

うれしくない おとこのこ が います。その うれしくない おとこのこ は Bob です。Bob は Ipod が ほしい です。でも、Ipod が ありません。Bob は Macrosoft Zoon が あります。Bob は Zoe に 「Zoe の Ipod が ほしい です。Zoe は わたし の Zoon が ほしい です か?」 と いいます。でも、Zoe は 「わたし は Zoon が ほしくない です。わたし は Ipod が すき です。」 と いいます。Bob は Ipod が ありません。Bob は うれしくない です。

Additional Resources

The following resources, and more, are available through my website: www.easyjapanesestories.com

Lisa と にほん の がっこう

Lisa moves from Canada to Japan. On her first day of school, she learns more about Japan and hopes to make a friend. Will she end up with a friend? Or run away back to Canada.

- Approx. 75 unique words*
- Hiragana only – English used in place of Katakana
- Katakana/Kanji Edition also available
- Perfect for Beginners!

カイとプラネット０４０４

Kai thought he was just a normal kid, with a normal pet dog, and a normal father. Follow Kai as he leaves earth behind and discovers the truth about his family. Kai and his pet "dog" travel to Planet 0404 and take the first steps on their quest to stop Lucifer

- Approx. 112 unique words*
- Both Kanji and Katakana are used extensively, but furigana is provided.
- Intended for intermediate learners. (about level 3)

Check my website and sign up for my mailing list to be notified as new resources become available

*Unique word count does not include particles, English, Katakana, or multiple conjugations of the same word.
**This count is based on a combination of the book as well as the class stories from the teacher pack(sold separately)

Copyright © 2019 by Matthew Russell

All rights reserved. No part of this publication may be reproduced, distributed, or transmitted in any form or by any means, including photocopying, recording, or other electronic or mechanical methods, without the prior written permission of the author, except in the case of brief quotations embodied in critical reviews and certain other noncommercial uses permitted by copyright law. For permission requests, write to the author at
easyjapanesestories@gmail.com

Quantity sales. Special discounts are available on quantity purchases by schools, bookstores, associations, and others. For details, contact the author at the email address above or visit: www.easyjapanesestories.com

Table of Contents

Chapter 1
Sofia の Pizza　1
Zoon が ほしくない です　2
Cabbage の Pancake　3
おいしい Panda　5

Chapter 2
Milly の Cheese　9
おいしい Hot Dog　10
Pink の Curry　12
Chunk E Cheeze　13

Chapter 3
おもしろくない Justin　17
Coca-Cola の Coffee　19
Australia の Cake　20
Johnny の Girlfriend　22

Chapter 4
Coca-Cola の Cereal　28
Ivanka せんせい ①　30
Ivanka せんせい ②　32
にほんご の Class　34

Chapter 5
うれしくない Katie　42
あおい Tour　45
John の Girlfriend　48
ねむい おかあさん　51

Cabbage の Pancake

おとこのこ が Kitchen に います。その おとこのこ は Billy です。Billy の Kitchen に おいしくない Broccoli が あります。でも、Billy は おいしくない Broccoli が ほしくない です。Billy は その おいしくない Broccoli を たべません。Kitchen に おいしくない Brussel Sprouts が あります。でも、おいしくない Brussel Sprouts が ほしくない です。その おいしくない Brussel Sprouts を たべません。Billy は「Mama！Pancake が すき です。おいしい Pancake が ほしい です！」と いいます。でも、Billy の Mama は「Billy、おいしい Pancake が ほしい です か？ おいしい Cabbage の Pancake が あります。」と いいます。Billy は うれしくない です。Cabbage の Pancake を たべません。

「Mama！Cabbage の Pancake は おいしい Pancake じゃありません！Cabbage の Pancake は Pancake じゃありません！」

おいしい Panda

おんなのこ が America に います。その おんなのこ は Australia に いきます。Australia に おとこのこ が います。America の おんなのこ は Australia の おとこのこ に 「わたし は おいしい Panda が ほしい です。Australia に おいしい Panda は います か?」と いいます。Australia の おとこのこ は 「Australia に おいしい Panda は いません。でも、うれしい Kangaroo が います!」と いいます。でも、America の おんなのこ は うれしい Kangaroo が ほしくない です。America の おんなのこ は Canada の Saskatoon に いきます。Saskatoon の おとこのこ に 「わたし は Panda が ほしい です。Saskatoon に Panda は います か?」と いいます。Canada の おとこのこ は 「Saskatoon に おいしい Berries が あります。

Vancouver に おいしい Panda が います。わたし は Vancouver の おいしい Panda が すき です。」 と いいます。 America の おんなのこ は Canada の Vancouver に いきます。America の おんなのこ は Panda に 「わたし は Panda が すき です。Panda が ほしい です。」と いいます。Panda は 「わたし は Smokey the Panda です。」と いいます。Smokey は America の おんなのこ が すき です。America の おんなのこ は Smokey に 「わたし は Panda が すき です。でも、わたし を たべます か?」と いいます。Panda は America の おんなのこ に 「わたし は America の おとこのこ を たべます。でも、America の おんなのこ を たべません。」と

いいます。Panda は America の おんなのこ を たべません！America の おんなのこ は うれしい です！America の おんなのこ は おいしい Panda を たべます！

Chapter 1 の たんご (vocabulary)

あります　There is / To have (object)

ありません　There isn't / To not have (object)

いいます　To say

いきます　To go

います　There is (person/animal) / (person/animal) is (somewhere)

いません　There isn't (person/animal) /(person/animal) isn't (somewhere)

うれしい　Happy

うれしくない　Not happy

おいしい　Delicious

おいしくない　Not delicious

おとこのこ　Boy

おんなのこ　Girl

か　(question marker)

が　(subject marker)

じゃありません　Isn't / Doesn't

すき　To like

その〜　That〜 / The〜

たべます　To eat

たべません　To not eat

です　Is / Am / Are

でも　But

と　(quotation marker)

に　At / To (destination marker)

の　(possessive marker - 's)

は　(topic marker)

ほしい　To want

ほしくない　To not want

わたし　I

を　(direct object marker

Chapter 2

Milly の Cheese

うれしくない おんなのこ が America に いました。その うれしくない おんなのこ は Milly でした。Milly は おいしい Cheese が ほしかった です。America の おいしくない Cheese を たべました。でも、America の Cheese が すき じゃありませんでした。

うれしくない Milly は France に いきました。そして、Milly は France の おいしい Cheese を たべました。Milly は うれしかった です。Milly は France の Cheese が すき です。

おいしい Hot Dog

おいしい Hot Dog が いました。
おいしい Hot Dog は Ketchup が ほしかった です。

おいしい Hot Dog は Forever 12 に いきました。そして、Forever 12 の おとこのこ に 「わたし は Ketchup が ほしい です。Ketchup は あります か?」と いいました。Forever 12 の おとこのこ は 「わたし は おいしい Ketchup が あります。でも、Hot Dog に あげません!」と いいました。おいしい Hot Dog は うれしくなかった です。Ketchup が ほしかった です!おいしい Hot Dog は Walmart に いきました。Walmart の おんなのこ に 「Ketchup は あります か?」と いいました。Walmart の おんなのこ は 「Ketchup が あります。」

と いいました。そして、Walmart の おんなのこ は おいしい Hot Dog に Ketchup を あげました。でも、Hot Dog は うれしくなかった です。Walmart の おんなのこ は Hot Dog を たべました！

Pink の Curry

わたし は へんな おとこのこ です。 Pink の Curry が すき です。Dan "The Stone" Jenson は わたし に 「その Curry は Pink ですか？それ は へん です。」と いいました。わたし は 「これ は おいしい です！」と いいました。そして、The Stone に Pink の Curry を あげました。The Stone は 「これ が ほしくない です。」 と いいました。でも、たべました。The Stone は 「これ は おいしくない です！Steak は あります か？」と いいました。わたし は 「Steak は ありません。」と いいました。The Stone は わたし を たべました！！

Chunk E Cheeze

へんな おとこのこ が いました。その へんな おとこのこ は うれしくなかった です。へんな おとこのこ は Coin が すき でした。でも、Coin が ありません。へんな おとこのこ は Chunk E Cheeze に いきました。Chunk E Cheeze に うれしい Chunk が いました。へんな おとこのこ は うれしい Chunk に 「これ は Chunk E Cheeze の Coin です か?」と いいました。うれしい Chunk は 「それ は Chunk E Cheeze の Coin じゃありません。それ は Coin じゃありません。それ は Cake です。」と いいました。へんな おとこのこ は Cake を たべました。おいしかった です。

へんな おとこのこ は うれしい Chunk に 「これ は Chunk E Cheeze の Coin です か?」と いいました。うれしい Chunk は 「それ は Coin です。でも、Chunk E

Cheeze の Coin じゃありません。それ は Penny です。」と いいました。へんな おとこのこ は Penny を たべました！おいしくなかった です。へんな おとこのこ は うれしくなかった です。Chunk E Cheeze の Coin が ほしかった です。Chunk に 「おいしい Chunk E Cheeze の Coin は あります か？」と いいました。うれしい Chunk は へんな おとこのこ に 「おいしい Chunk E Cheeze の Coin は ありません。でも、これ は Chunk E Cheeze の Coin です。これ を あげます。」と いいました。うれしい Chunk は へんな おとこのこ に Chunk E Cheeze の Coin を あげました。へんな おとこのこ は うれしかった です。うれしい Chunk は 「それ は おいしくない です。」と いいました。でも、へんな おとこのこ は Chunk E Cheeze の Coin を たべました。「おいしい です！」 と いいました。

Chapter 2 の たんご

あげました　Gave
あげます　To give
あげません　To not give
ありました　There was / Had (object)
あります　There is / To have (object)
ありません　There isn't / To not have (object)
ありませんでした　There wasn't / Didn't have (object)
いいました　Said
いきました　Went
いました There was (person/animal) / (person/animal) was (somewhere)
います There is (person/animal)/ (person/animal) is (somewhere)
いません There isn't (person/animal) / (person/animal) isn't (somewhere)
うれしい　Happy
うれしかった　Was happy
うれしくない　Not happy
うれしくなかった Wasn't happy
えっ？ What? Huh?
おいしい　Delicious
おいしかった Was delicious
おいしくない Not delicious
おいしくなかった Wasn't delicious
おとこのこ　Boy
おんなのこ　Girl
か　(question marker)
が　(subject marker)
これ　This
じゃありません Isn't / Doesn't
じゃありませんでした Wasn't / Didn't
すき　To like
そして　And then
その　～　That～/ The～
それ　That
たべました　Ate
でした　Was / Were

15

です　Is / Am / Are	ほしい　To want
でも　But	ほしかった　Wanted
と　(quotation marker)	ほしくない　To not want
に　At / To (destination marker)	ほしくなかった　Didn't want
は　(topic marker)	わたし　I
へん（な）　Strange	を　(direct object marker)

Chapter 3

おもしろくない Justin

わたし は Justin です。わたし は げんきな おとこのこ です。でも、ともだち は 「Justin は おもしろくない です。」と いいます。わたし は ともだち に 「これ は おもしろい です か?」と ききました。でも、ともだち は 「それ は Pen です。その Pen は おもしろくない です。Justin は おもしろくない です。」と いいました。わたし は おもしろい Tomato が あります。ともだち に 「これ は おもしろい です か?」と ききました。ともだち は 「それ は Tomato です。その Tomato は おもしろくない です。」と いいました。でも、わたし は うれしい です。その ともだち が すき じゃありません。でも、わたし の Tomato は すき

です。そして、わたし の Tomato は わたし の ともだち です！

Coca-Cola の Coffee

きのう、わたし は ねむかった です。おんなのひと に 「その Coffee を くれます か?」 と ききました。

でも、その おんなのひと は 「あげません！これ は わたし の Coffee です！」 と いいました。わたし は うれしくなかった です。わたし は その おんなのひと に 「その Coca-Cola を わたし に くれます か?」 と ききました。でも、その おんなのひと は 「Coca-Cola を あげません。Coca-Cola の Coffee は おいしい です！でも、これ を あげます。」 と いいました。そして、その へんな おんなのひと は わたし に Pizza を くれました。でも、おいしくなかった です。Lemon の Pizza でした！

Australia の Cake

きのう、わたし は Cake を たべません でした。きょう も Cake を たべません でした。だから、わたし は げんき じゃありません。わたし は Cake が ほしかった です。
だから、Supermarket に いきました。でも、Supermarket に おいしい Cake が ありませんでした！Supermarket の Cake は なっとう(fermented soybean) の Cake でした！わたし は ともだち に 「Hugh Jacksman、これ は おいしくない です。おいしい Cake は あります か？」と ききました。Hugh Jacksman は 「なっとう(fermented soy bean) の Cake は おいしくない です。でも、Australia に おいしい Vegemite の Cake が あります。」と

いいました。だから、わたし も Hugh Jacksman も Australia に いきました。Australia に おいしい Cake も おいしくない Cake も ありました。おいしい Cake は Chocolate の Cake でした。おいしくない Cake は Vegemite の Cake でした。わたし は Hugh Jacksman に 「Vegemite の Cake は おいしくなかった です！Hugh Jacksman は わたし の ともだち じゃありません！」と いいました。

Johnny の Girlfriend

げんきな おとこのこ が Timbuktu に いました。その げんきな おとこのこ は Johnny でした。 Johnny は Timbuktu が すき でした。だから、うれしかった です。でも、きのう、Johnny の Girlfriend が Johnny に 「Timbuktu が すき じゃありません。Europe に いきます。」と いいました。げんきな Johnny は 「Europe??」と ききました。でも、Girlfriend は Europe に いきました。だから、きょう、げんきな Johnny も Europe に いきました。

げんきな Johnny は Girlfriend に 「Jenny、Europe は おもしろい です。Jenny も Europe が すき です か?」と ききました。でも、Jenny は Europe が すき じゃありませんでした。Jenny は Johnny に 「Johnny は へんな ひと で

す。Europe は おもしろくない です。」と いいました。Jenny は Europe に ともだち が いませんでした。だから、Europe は おもしろくなかった です。Jenny は California に ともだち が いました。Jenny は Johnny に 「California に ともだち が います。だから、Disneyland に いきます！」と いいました。げんきな Johnny は うれしかった です。Johnny は Disneyland が すき でした。だから、Jenny も Johnny も California の Disneyland に いきました。

Disneyland に Jenny の ともだち が いました。Jenny は ともだち に 「わたし は Donuts が ほしい です。わたし に Donuts を くれますか？」と ききました。その ともだち は 「わたし は Jenny が すき です。だから、 Donuts を あげま す。」と いいました。Jenny は

うれしかった　です。でも、Jenny　の　ともだち　は　Jenny　に　Churro　を　あげました。Jenny　は　ともだち　に　「これ　は　Donuts　じゃありません！わたし　は　Donuts　が　ほしい　です！」と　いいました。その　ともだち　は　「それ　は　Disneyland　の　おいしい　Churro　です！」と　いいました。でも、Jenny　は　Johnny　に　「わたし　は　Donuts　が　ほしかった　です！Churro　は　ほしくない　です。この　へんな　ともだち　が　すき　じゃありません。」と　いいました。Jenny　は　Canada　の　Tim Hortons　に　いきました。でも、Johnny　は　Disneyland　も　Churro　も　すき　でした。Johnny　は　Jenny　の　ともだち　に　「わたし　は　Girlfriend　が　ほしくない　です。わたし　は　Churro　が　ほしい　です。」と　いいました。Johnny　も　Jenny　の　ともだち　も　すきな　Churro　を　たべました。そして、Johnny　も　Jenny　の

ともだち も すきな Splash Mountain に いきました。Jenny は いませんでした。でも、Johnny は うれしかった です。

Chapter 3 の たんご

あげました　Gave

あげます　To give

あげません　To not give

あげませんでした　Didn't give

あります　There is / To have (object)

いいました　Said

いきました　Went

いました There was (person/animal) / (person/animal) was (somewhere)

います　There is (person/animal) / (person/animal) is (somewhere)

いません There isn't (person/animal) / (person/animal) isn't (somewhere)

いませんでした There wasn't (person/animal) / (person/animal) wasn't (somewhere)

うれしい　Happy

うれしくない　Not happy

うれしくなかった　Wasn't happy

おいしい　Delicious

おとこのひと　Man

おもしろい　Interesting

おもしろくない　Not interesting

おんなのこ　Girl

おんなのひと　Woman

か　(question marker)

が　(subject marker)

ききました　Asked

きのう　Yesterday

きょう　Today

くれます　To give

くれません　To not give

くれませんでした　Didn't give

26

げんき（な）	Healthy / Energetic
これ	This
じゃありません	Isn't / Doesn't
すき	To like
そして	And then
その〜	That〜/ The〜
それ	That
だから	Therefore
たべました	Ate
たべませんでした	Didn't eat
でした	Was / Were
です	Is / Am / Are
でも	But
と	(quotation marker)
ともだち	Friend
に	At / To (destination marker)
の	(possessive marker - 's)
は	(topic marker)
ひと	Person
へん（な）	Strange
ほしい	To want
ほしかった	Wanted
ほしくない	To not want
も	Also
わたし	I
を	(direct object marker)

Chapter 4

Coca-Cola の Cereal

ねむい おんなのこ が Boston に いました。きょう、その ねむい おんなのこ は がっこう に いきます。きょう は Test が あります。だから、ねむい おんなのこ は「Mama、わたし は Energy が ありません。Red Bull を くれます か？」と ききました。でも、くれませんでした。だから、その ねむい おんなのこ は Coca-Cola の Cereal を たべました。おいしくなかった です。でも、その おんなのこ は ねむくなかった です。その おんなのこ は げんき でした。そして、その げんきな おんなのこ は がっこう に いきました。

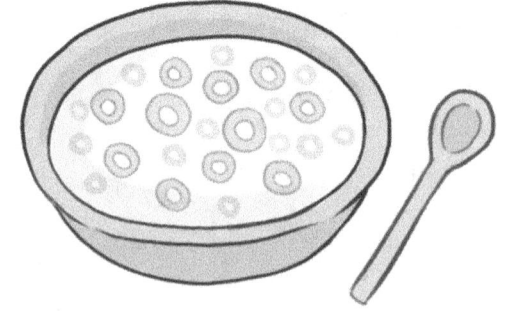

にほんご の せんせい は 「わたし は ねむい です。だから、きょう、Test は ありません。きょう の にほんご の Class は Naptime です。」と いいました。げんきな おんなのこ の ともだち は うれしかった です。でも、げんきな おんなのこ は うれしくなかった です。だから、せんせい に Coca-Cola の Cereal を あげました。おいしくなかった です。でも、せんせい は Coca-Cola の Cereal を たべました。だから、せんせい は げんき でした。せんせい は 「わたし は ねむくない です。だから、きょう、Naptime は ありません。きょう、Test が あります。」と いいました。げんきな おんなのこ は うれしかった です。でも、げんきな おんなのこ の ともだち は うれしくなかった です。

Ivanka せんせい ①

おもしろい ひと が Mexico の がっこう に いました。その おもしろい ひと は えいご も おんがく も すき じゃありません でした。でも、その おもしろい ひと は がっこう の えいご の おんがく の せんせい でした。

その せんせい は Class に いきました。そして、せんせい は 「わたし は Ivanka せんせい です。これ は えいご の おんがく の Class です。」と いいました。おんなのこ は 「Ivanka せんせい、わたし は Adriana です。えいご の おんがく が すき です。Ivanka せんせい も Backstreet Boys が すき です か?」と ききました。Ivanka せんせい は 「Adriana、わたし は おもしろい せんせい です。でも、えいご の おんがく は

おもしろくない です。わたし は Backstreet Boys が すき じゃありません。」と いいました。

Ivanka せんせい ②

Adriana は うれしくなかった です。Ivanka せんせい は えいご の おんがく の せんせい です。でも、えいご の おんがく が すき じゃありません。Backstreet Boys が すき じゃありません！！だから、Adriana は Ivanka せんせい が すき じゃありませんでした。Ivanka せんせい は みんな に「これ は えいご の おんがく の Class です。だから、みんな、えいご の おんがく の Report を かきます。その Report の Title は 『おもしろくない えいご の おんがく』です。」と いいました。Adriana は うれしくなかった です。Adriana は Ivanka せんせい に 「せんせい、これ は えいご の おんがく の Class です。わたし は えいご の おんがく を ききます。」と いいました。Ivanka せんせい は Adriana に 「Adriana は えいご が すき です か？」と ききました。

「えいご が すき です。」
「みんな、Adriana は えいご が すき です。だから、みんな、Report を えいご で かいてください。」
Class の みんな は うれしくなかった です。でも、みんな は 「A」 が ほしかった です。だから、Report を かきました。Ivanka せんせい は みんな に 「A」 を あげました。でも、Adriana に 「C-」 を あげました。

にほんご の Class

わたし も わたし の ともだち も おもしろい せんせい が すき です。でも、わたし の にほんご の せんせい は おもしろくない です。その にほんご の せんせい が すき じゃありません。わたし の ともだち も その にほんご の せんせい が すき じゃありません。

きのう、わたし は にほんご の Class に いきました。せんせい は おもしろくなかった です。だから、わたし は ねむかった です。せんせい は 「おはようございます」 と いいました。そして、せんせい は Whiteboard に 「I like Japanese class」 と かきました。せんせい は 「みんな、Notebook に これ を にほんご で かいてください。」 と いいました。でも、わたし は にほんご の Class が すき じゃありません。だから、かきませんでした。おもしろくない せんせい

は わたし に 「Billy-bob、これ を かいて ください。」と いいました。

「でも、せんせい、わたし は にほんご の Class が すきじゃありません。」

「かいてください！」

「でも、せんせい、わたし は ねむい です。」

「かいてください！！！」

わたし は Notebook に 「I like Japanese class」と かきました。その Notebook を せんせい に あげました。でも、せんせい は うれしくなかった です。わたし は せんせい に 「わたし は かきました。せんせい は うれしくない です か？」と ききました。せんせい は 「うれしくない です！へんな Billy-Bob は えいご で かきました！」と いいました。

「せんせい、わたし は えいご が すき です。」

「にほんご で かいてください！！！」

「でも、　せんせい、　わたし　は　えいご　が
すき　です。だから、えいご　で
かきました。」
「これ　は　にほんご　の　Class　です！
にほんご　で　かいてください！」
「でも、せんせい、わたし　は　にほんご　が
すき　じゃありません。」
わたし　の　おもしろくない　せんせい　は
うれしくなかった　です。そして、せんせい　は
わたし　に　「わたし　は　へんな　Billy-bob
が　すき　じゃありません！」と　いいました。
だから、わたし　は　Francis　せんせい　の
Class　に　いきました。

Francis　せんせい　は　えいご　の　せんせい
です。だから、「にほんご　で　かいてくださ
い！」と　いいませんでした。でも、Francis
せんせい　も　おもしろくない　です。だから、
わたし　は　Ipod　で　おんがく　を
ききました。せんせい　は　「みんな、

おはようございます。きょう、おもしろい Report を かいてください。」と いいました。でも、わたし は かきませんでした。Francis せんせい は わたし に
「Billy-bob、Report を かいてください。」と いいました。
「でも、せんせい、わたし は ねむい です。」
「Report を かいてください。」
「でも、せんせい、わたし は おんがく が すき です。おんがく を ききます。」
「これ は おんがく の Class じゃありません。これ は えいご の Class です！！」
「でも、せんせい、これ は えいご の おんがく です。」
「REPORT を かいてください！！！！」
わたし は Notebook に 「Report」と かきました。その Notebook を せんせい に あげました。せんせい は

うれしくなかった です。そして、せんせい は
わたし に 「わたし は へんな Billy-Bob
が すき じゃありません！！」と
いいました。

きのう の にほんご の Class も えいご
の Class も おもしろくなかった です。だ
から、きょう、わたし は おんがく の
Class に いきました。げんきな おんがく
の せんせい は 「みんな、おはようございま
す。」と いいました。わたし は その
げんきな せんせい に 「せんせい、これ は
おんがく の Class です。だから、おんがく
を ききます か？」と ききました。
「Billy-Bob、きのう、おんがく を
ききました。きょう は にほんご の
おんがく の Report を かきます。にほんご
で かいてください。」
「REPORT！！？？にほんご で！！？？

わたし は かきません！！これ は おんがく の Class です！！！わたし は おんがく を ききます！！！」

Chapter 4 の たんご

あげました　Gave

あげます　To give

ありました　There was / Had (object)

あります　There is / To have (object)

ありません　There isn't / To not have (object)

いいました　Said

いきました　Went

いきます　To go

いきませんでした　Didn't go

いました　There was (person/animal) / (person/animal) was (somewhere)

うれしかった　Was happy

うれしくなかった　Wasn't happy

えいご　English

おいしい　Delicious

おいしくなかった　Wasn't delicious

ききません　To not listen

きのう　Yesterday

おとこのこ　Boy

おはようございます　Good morning

おもしろい　Interesting

おもしろくない　Not interesting

おもしろくなかった　Wasn't interesting

おんがく　Music

おんなのこ　Girl

か　(question marker)

が　(subject marker)

かいてください　Please write

かきました　Wrote

かきます　To write

かきません　To not write

かきませんでした　Didn't write

がっこう　School

ききました　Asked

ききました　Listened

ききます　To listen

きょう　Today

ください　Please

くれました	Gave
くれます	To give
くれませんでした	Didn't give
げんき（な）	Healthy / Energetic
これ	This
じゃありません	Isn't / Doesn't
じゃありませんでした	Wasn't / Didn't
すき	To like
そして	And then
せんせい	Teacher
その〜	That〜 / The〜
それ	That
だから	Therefore
たべました	Ate
で	By / Using
でした	Was / Were
です	Is / Am / Are
でも	But
と	(quotation marker)
ともだち	Friend
に	At / To (destination marker)
にほんご	Japanese
ねむい	Sleepy
ねむかった	Was sleepy
ねむくない	Not sleepy
ねむくなかった	Wasn't sleepy
の	(possessive marker - 's)
は	(topic marker)
ひと	Person
へん（な）	Strange
ほしい	To want
ほしかった	Wanted
みんな	Everyone
も	Also
わたし	I
わたし の	My
を	(direct object marker)

Chapter 5

うれしくない　Katie

うれしくない　おんなのこ　が　Coffin Bay　の　いえ　に　いました。その　うれしくない　おんなのこ　は　Katie　でした。Katie　の　おかあさん　も　おとうさん　も　にほん　の　いえ　に　いきます。おかあさん　は　Katie　に　「Katie　は　Coffin Bay　に　ともだち　が　います。だから、Katie　は　だいじょうぶ　です。」と　いいました。でも、Katie　は　だいじょうぶ　じゃありませんでした。だから、Katie　は　Australia　の　Nap Nap　に　いきました。
Nap Nap　に　ねむい　おとこのこ　が　いました。その　ねむい　おとこのこ　は

Katie に 「だいじょうぶ です か?」と
ききました。Katie は 「わたし は
おとうさん が ほしい です。」と
いいました。ねむい おとこのこ は 「わたし
は おとうさん です。」と いいました。
でも、Katie は ねむい おとうさん が
ほしくなかった です。だから、「だいじょうぶ
です。わたし は Eggs and Bacon Bay に
いきます。」と いいました。
Eggs and Bacon Bay の いえ に
おもしろい おんなのひと が いました。その
おもしろい おんなのひと は Katie に
「だいじょうぶ です か?」と ききました。
Katie は 「わたし は おかあさん が
ほしい です。」と いいました。おもしろい
おんなのひと は 「わたし は おかあさん
じゃありません。でも、Eggs and Bacon Bay
の おいしい Ice Cream を あげます。」と
いいました。Katie は Ice cream を
たべました。**おいしかった です!**そして、

Katie は その おもしろい おんなのひとに 「わたし の おかあさん も おとうさん も にほん の いえ に います。でも、Eggs and Bacon Bay の Ice cream を たべました。だから、わたし は だいじょうぶ です。」と いいました。

あおい　Tour

「おとうさん、きょう、なに　を　します　か？」

「きょう、みんな　で　あおい　Tour　を　します。」

「あおい　Tour　で　なに　を　します　か？」

「あおい　Tour　で　あおい　Restaurant　に　いきます。そして、あおい　Concert　に　も　いきます。」

「あおい　Restaurant？？　あおい　Restaurant　で　なに　を　たべます　か？」

「あおい　Restaurant　は　おいしい　Hamburger　が　あります。あおい　Hamburger　です。あおい　Cake　も　あります。」

「わたし　は　ちゃいろ　の　Hamburger　が　ほしい　です。Chocolate　の　Cake　が　ほしい　です。」

「あおい　Restaurant　に　は　Chocolate　の　Cake　が　あります！あおい　Chocolate　Cake　です！」

「おとうさん！あおい Chocolate Cake は ほしくない です！ちゃいろ の Chocolate Cake を たべます！わたし は あおい Restaurant に いきません！」
「あおい Concert に いきます か？」
「それ は なん の Concert です か？」
「The Blue Man Group の Concert です。」
「あおい おとこのひと の Group の Concert です か？それ は へん です。わたし は いきません！」
わたし は あおい Tour に いきませんでした。でも、わたし の おとうさん も おかあさん も いきました。わたし は いえ で ちゃいろ のHamburger も ちゃいろ の Chocolate Cake も たべました。でも、おいしくなかった です。そして、Computer で あおい おとこのひと の Group の おんがく を ききました。おもしろかった です！だから、わたし は Concert に いきました。でも、Concert で おとうさん

も おかあさん も へんな Dance を しました。だから、わたし は あおい おんなのひと の Group の Concert に いきました。

John の Girlfriend

わたし は Girlfriend が ほしい です。でも、おんなのこ は みんな、ほか の おとこのこ が すき です。Handsome な おとこのこ が すき です。わたし は Handsome な おとこのこ じゃありません。そして、Handsome な おとこのこ に なりません。

わたし は Alabama の Dogtown に いきました。Dogtown に へんな おんなのこ が いました。
「へんな おんなのこ、わたし の Girlfriend に なります か?」
「なりません。わたし は へんな おとこのこ が すき です。」
「ほか に おんなのこ は います か?」
「Dogtown の みんな は へんな ひと が すき です。」
わたし は へんな ひと じゃありません。

そして、へんな ひと に なりません。
だから、Minnesota の Embarrass に いきました。

Minnesota の Embarrass に げんきな おんなのこ が いました。
「げんきな おんなのこ、わたし の Girlfriend に なります か?」
「なりません。わたし は げんきな Boyfriend が ほしい です。」
「ほか に おんなのこ は います か?」
「Embarrass の みんな は げんきな ひと が すき です。」
わたし は げんきな ひと じゃありません。
そして、げんきな ひと に なりません。
だから、Wisconsin の Imalone に いきました。

Imalone に ねむい おんなのひと が いました。

「ねむい おんなのひと、わたし は John です。わたし の Girlfriend に なります か?」
「なります。わたし は Handsome な ひと が すき です。でも、ほか に おとこのこ が いません。」
「ほか に おとこのこ が いません か?」
「いません。だから、Imalone の みんな は John の Girlfriend に なります。」
わたし は うれしかった です。

ねむい　おかあさん

げんきな　おんなのひと　が　にほん　に　いました。にほん　の　とうきょう　に　いました。その　げんきな　おんなのひと　は　Party　も　Dance　も　すき　でした。みんな　は　その　げんきな　おんなのひと　に　「Sofia、Fortnite　の　Dance　を　してください！Sofia、Macarena　の　Dance　を　してください！」と　いいました。Sofia　は　うれしかった　です。Sofia　は　Dance　も　ともだち　も　すき　でした。

でも、その　げんきな　Sofia　は　おかあさん　に　なりました。その　げんきな　おんなのひと　は　ねむい　おかあさん　に　なりました。Sofia　は　きのう　も、　きょう　も、　Party　を　しませんでした。Dance　も　しませんでした。そして、ねむい　Sofia　は　きのう　も、きょう　も、いえ　に　いました。Sofia　の　ともだち　は　「Sofia、The

Chicken の Dance を してください！」と いいました。でも、Sofia は その ともだち に 「わたし は おかあさん です。だから、ねむい です。Dance を しません。」と いいました。ほか の ともだち は 「Sofia、Party に いきます か？」と ききました。Sofia は 「わたし は おかあさん です。ねむい です。わたし は いえ に います。Party に いきません。」と いいました。みんな が 「Sofia は Party に いきません。Dance を しません。Sofia は おもしろくない ひと に なりました！わたし は おかあさん に なりません！」と いいました。でも、Sofia は だいじょうぶ でした。Sofia は Sofia の

おんなのこ が すき でした。だから、Sofia は だいじょうぶ でした。

Sofia の おんなのこ は Amy でした。Amy の ねむい おとうさん は Jimmy でした。Jimmy は Sofia に 「わたし も Sofia も ねむい です。でも、きょう は Christmas です。だから、Party に いきます か?」と ききました。Sofia は 「わたし の おかあさん の Party に いきます。」と いいました。Sofia は あお が すき でした。だから、Amy の Tshirt も Pants も あお でした。でも、Jimmy は 「Sofia、Amy は その ちゃいろ の Pants で Party に いきます か?」と ききました。Sofia は 「Amy の Pants は あおい です。」と いいました。でも、その あおい Pants は ちゃいろ に なりました、、、、、。だから、Sofia の おかあさん の Party に

いきませんでした。

Sofia は Sofia の おかあさん に Email を かきました。「わたし も Jimmy も ねむい です。だから、きょう の Christmas Party に いきません。」と かきました。Sofia の おかあさん は Email で 「Sofia も Jimmy も ねむい です か？Babysitter が ほしい です か？わたし が Babysit を します。Relax してください。」と かきました。Sofia も Jimmy も うれしかった です。Sofia も Jimmy も Amy が すき でした。でも、ねむかった です。Sofia は 「おかあさん の いえ に いきます！！」と いいました。

Sofia の おかあさん の いえ に いきました。でも、おかあさん は いませんでした。Jimmy は Sofia に 「Sofia の おかあさん に Email を してください。」

と いいました。Sofia は おかあさん に Email で 「Amy は おかあさん の いえ に います。Babysit を してください。わたし は Alaska の Cruise に いきます。」と かきました。Sofia は Jimmy に 「Alaska の Cruise に いきます！」と いいました。でも、Jimmy は 「わたし は Cruise が すき です。でも、わたし は おとうさん です。Sofia の おかあさん は いません。おかあさんの いえ に Cougar が います。Amy は だいじょうぶ です か？」と ききました。Sofia は 「Cougars が います。でも、Amy の ちゃいろ の Pants は おいしくない です。だから、だいじょうぶ です。」と いいました。そして、Sofia も Jimmy も Alaska の Cruise に いきました。

Chapter 5 の たんご

あお　Blue(noun)

あおい　Blue(adjective)

あおかった　Was Blue

あげました　Gave

ありました　There was / Had (object)

あります　There is / to have (object)

ありませんでした　There wasn't / Didn't have (object)

いいました　Said

いえ　Home / House

いきました　Went

いきます　To go

いきません　To not go

いきませんでした　Didn't go

いました　There was (person/animal) / (person/animal) was (somewhere)

います　There is (person/animal) / (person/animal) is (somewhere)

いません　There isn't (person/animal) / (person/animal) isn't (somewhere)

いませんでした　There wasn't (person/animal) / (person/animal) wasn't (somewhere)

うれしかった　Was happy

うれしくない　Not happy

うれしくなかった　Wasn't happy

えいご　English

おいしい　Delicious

おいしかった　Was delicious

おいしくなかった　Wasn't delicious

おかあさん　Mother

おとうさん　Father

おとこのこ　Boy

おとこのひと　Man

おはようございます　Good morning

おもしろい　Interesting

おもしろかった	Was interesting
おんがく	Music
おんなのこ	Girl
おんなのひと	Woman
か	(question marker)
が	(subject marker)
かいてください	Please write
かきました	Wrote
かきます	To write
がっこう	School
ききました	Asked
きのう	Yesterday
きょう	Today
くれました	Gave
くれます	To give
くれませんでした	Didn't give
げんき（な）	Healthy / Energetic
これ	This
してください	Please do
しました	Did
します	To do
しません	To not do
しませんでした	Didn't do
じゃありません	Isn't / Doesn't
じゃありませんでした	Wasn't / Didn't
すき	To like
そして	And then
せんせい	Teacher
その〜	That〜 / The〜
それ	That
だいじょうぶ	Okay
だから	Therefore
たべました	Ate
たべません	To not eat
ちゃいろ（の）	Brown
で	At / in (location marker)
で	By / Using
でした	Was / Were
です	Is / Am / Are

でも	But	ほしい	To want
と	(quotation marker)	ほしかった	Wanted
とうきょう	Tokyo	ほしくない	To not want
ともだち	Friend	ほしくなかった	Didn't want
なに	What	みんな	Everyone
なに	What	みんな で	All together / With everyone
なりました	Became	も	Also
なります	To become	わたし	I
なりません	To not become	を	(direct object marker)
なりませんでした	Didn't become		
なん	What		
に	At / To (destination marker)		
にほん	Japan		
ねむい	Sleepy		
ねむかった	Was sleepy		
の	(possessive marker - 's)		
は	(topic marker)		
ひと	Person		
へん（な）	Strange		
ほか（の・に）	Other		

www.ingramcontent.com/pod-product-compliance
Lightning Source LLC
LaVergne TN
LVHW021736140426
836326LV00040B/667